Free Verse Editions
Edited by Jon Thompson

At Your Feet

A teus pés

Ana Cristina Cesar

Translated by Brenda Hillman and Helen Hillman,
with Sebastião Edson Macedo
Edited by Katrina Dodson

Parlor Press
Anderson, South Carolina
www.parlorpress.com

Parlor Press LLC, Anderson, South Carolina, 29621

Printed in the United States of America
S A N: 2 5 4 - 8 8 7 9

Library of Congress Cataloging-in-Publication Data on File

978-1-60235-485-2 (paperback)
978-1-60235-486-9 (PDF)
978-1-60235-494-4 (ePub)

1 2 3 4 5

Cover design by David Blakesley.
Cover photo of Ana Cristina Cesar by João Almino. Used by
    permission.
Printed on acid-free paper.

Parlor Press, LLC is an independent publisher of scholarly and
trade titles in print and multimedia formats. This book is available
in paperback and ebook formats from Parlor Press on the World
Wide Web at http://www.parlorpress.com or through online and
brick-and-mortar bookstores. For submission information or to
find out about Parlor Press publications, write to Parlor Press,
3015 Brackenberry Drive, Anderson, South Carolina, 29621, or
email editor@parlorpress.com.

Contents

Contents

Preface

Ana Cristina Cesar was born in Copacabana, Rio de Janeiro in 1952. Daughter of academic and religious parents, she worked as a translator and was known in avant-garde literary and artistic circles in the 1970s. She traveled extensively in Europe and England until her tragic, untimely death by suicide in 1983 at the age of thirty-one.

I became enchanted by Cesar's poetry when I read a few of her poems in *Nothing the Sun Could Not Explain* (2000), a marvelous anthology of Brazilian poetry edited by Michael Palmer, Régis Bonvicino, and Nelson Ascher; the volume introduced English speakers to some contemporary Brazilian experimental poets. Poet and translator Chris Daniels suggested Cesar when I told him I was looking for a Brazilian poet to translate with my mother, Helen Hillman, who was at the time in her late eighties, and who has maintained command of her native Portuguese (she was born to American parents in São Paulo in 1924, raised in Porto Alegre, and came to the U.S. in the 1940s). I was drawn to Ana Cristina Cesar for other reasons as well. She and I were approximately the same age when I also lived as a child with my family in 1950s Rio, in Copacabana. I maintained a bit of my childhood Portuguese.

Cesar's best-known work, *A teus pés, At Your Feet* (1982), daringly collages emotional lyricism with materials of linguistic invention in bold hybrid and other experimental forms. The work is imagistic, but her metaphors often evade and indirectly tease the reader suggestively. The book-length work has features in common with Theresa Hak Kyung Cha's *Dictée,* in its multilingual qualities, and in its feminist challenges to received traditions. Cesar's phrasing is off-kilter and at times seems unhinged; the polygrammatical units fit together like a jigsaw puzzle ("*quebra-cabeça*" in Portuguese—to smash your head). Just as the poems often refer to slightly reckless driving and travel, they careen between direct meaning and innuendo. Cesar seems to share some of Sylvia Plath's wild lyric atmosphere but with an entirely different aesthetic experience, one more akin to the montages of Gertrude Stein.

In her subject matter and in the "Onomastic Index" that closes this collection, Cesar channels and references other writers and events in modernist fashion, including Charles Baudelaire, Elizabeth Bishop, Octavio Paz, Edgar Allan Poe, Jean Rhys and others. She folds in great Brazilian modernist and contemporary avant-garde writers as well—Carlos Drummond de Andrade, Manuel Bandeira, Armando Freitas Filho, and Francisco Alvim among them—gives nods to popular culture as well as to "high" culture.

She writes of life and consciousness and travel and the agonies and joys of love, spiritual and sensual, for both men and women. As poet and scholar Sebastião Edson Macedo has noted, "In Cesar's work, the reader will find a body of poems that has inspired distinctive ways of voicing innovative lyric experience in contemporary poetry in Brazil, especially in such leading women poets as Marília Garcia, Júlia de Carvalho Hansen, Tatiana Pequeno and Alice Sant'Anna." Cesar, often known as Ana C. in Brazil, is a fascinating poet whose work maintains its power and mystery through multiple readings.

The process of translating Cesar's work was circuitous. My mother and I worked on pieces of *At Your Feet* over a period of five years and did a rough translation of two of her other works as well. We spoke weekly on the phone, usually on Fridays. When I traveled to Tucson where she lived, we worked together on the couch, holding the book between us with my laptop to the side. Often my father (then in his early nineties) would shuffle in to check on us; he loved the fact that we were working on something that gave my mother such pleasure. After we completed the first drafts, I realized the draft did not address many current idiomatic expressions in Ana C.'s work, and sought out Sebastião Edson Macedo from the University of California at Berkeley to refine the work. With the help of Sebastião's terrific precision and knowledge of current Brazilian idioms, these translations took further shape. It has been a sheer joy to work with Sebastião in Café Royal Grounds, where we have met often. We wanted to capture not only the original formatting of this work, but also the spirit of Cesar's energy and some of her rather obscure references. Oakland poet and translator of Brazilian poetry Tiffany Higgins offered many suggestions throughout the process.

The bulk of the final edits and corrections were made with the exhaustive and thorough help of Katrina Dodson, a brilliant scholar and the translator of Clarice Lispector's *Complete Stories*, also from UC Berkeley, who suggested most of the revisions that have brought the project to its final form. Further assistance in deciphering the most mysterious phrases came from our Brazilian colleagues: translation studies scholar Ricardo Ferreira Filho, translator and editor Julia Sanches, the great contemporary poet and translator Paulo Henriques Britto, and Cesar's own dear friend, the aforementioned poet Armando Freitas Filho. Another talented translator of Brazilian poetry, Hilary Kaplan, connected us with Companhia das Letras, the current Brazilian publisher of Cesar's work. Thank you to those at Companhia das Letras—Fernanda Dias, Mariano Marovatto, Rita Mattar, Fernando Rinaldi, and Alice Sant'anna—who helped tremendously to facilitate this translation and to establish the correct lineation of the poems, which could be quite complicated! I am grateful to all of these able scholars and writers, as well as to Saint Mary's College for a grant that enabled this project. Jon Thompson and Dave Blakesley of Free Verse Editions and Parlor Press have provided patient hard work in the publishing process.

Finally, I am extremely grateful and send multiple thanks to the family of Ana Cristina Cesar for supporting this publication. As always, I owe a large debt to my husband, Robert Hass, and to our children and grandchildren for their encouragement, and to my brothers Brad and Brent Hillman for their constant support, and most of all, to our beloved mother Helen Hillman, who loves Brazil, Brazilian poets and who is a diligent reader of American poetry as well. I am lucky to have such an amazing mother, and am very impressed that she has command of two beautiful languages, English and Portuguese, after ninety-two years.

Though translation is an inexact art, we hope through this group effort to have maintained a sense of Ana Cristina Cesar's daring love of life and language, her feminism, her continuously radical forms, and the timeliness and timelessness of her experiments with inner and public voices.

Brenda Hillman
Olivia C. Filippi Professor
Saint Mary's College of California

A teus pés

At Your Feet

Trilha sonora ao fundo: piano no bordel, vozes barganhando uma informação difícil. Agora silêncio; silêncio eletrônico, produzido no sintetizador que antes construiu a ameaça das asas batendo freneticamente.

Apuro técnico.

Os canais que só existem no mapa.

O aspecto moral da experiência.

Primeiro ato da imaginação.

Suborno no bordel.

Eu tenho uma ideia.

Eu não tenho a menor ideia.

Uma frase em cada linha. Um golpe de exercício.

Memórias de Copacabana. Santa Clara às três da tarde.

Autobiografia. Não, biografia.

Mulher.

Papai Noel e os marcianos.

Billy the Kid versus Drácula.

Drácula versus Billy the Kid.

Muito sentimental.

Agora pouco sentimental.

Pensa no seu amor de hoje que sempre dura menos que o seu amor de ontem.

Gertrude: estas são ideias bem comuns.

Apresenta a jazz-band.

Não, toca blues com ela.

Esta é a minha vida.

Atravessa a ponte.

É sempre um pouco tarde.

Não presta atenção em mim.

Olha aqueles três barcos colados imóveis no meio do grande rio.

Estamos em cima da hora.

Daydream.

Quem caça mais o olho um do outro?

Sou eu que admito vitória.

Ela que mora conosco então nem se fala.

Caça, caça.

E faz passos pesados subindo a escada correndo.

Outra cena da minha vida.

Um amigo velho vive em táxis.

Dentro de um táxi é que ele me diz que quer chorar mas não chora.

Soundtrack in the background: piano in the brothel, voices haggling
over difficult information. Now silence; electronic silence,
produced in the synthesizer that previously constructed the threat of
wings beating frantically.
Technical refinement.
The channels that exist only on the map.
The moral aspect of experience.
First act of the imagination.
Bribe in the brothel.
I have an idea.
I haven't the slightest idea.
A phrase in every line. A stroke of exercise.
Memories of Copacabana. Rua Santa Clara at three in the afternoon.
Autobiography. No, biography.
Woman.
Santa Claus and the Martians.
Billy the Kid versus Dracula.
Dracula versus Billy the Kid.
Very sentimental.
Now not so sentimental.
Think about your love today that always lasts less than your
love yesterday.
Gertrude: these are very common ideas.
Present the jazz band.
No, play the blues with her.
This is my life.
Cross the bridge.
It's always a little late.
Don't pay attention to me.
Look at those three boats stuck together in the middle of the big river.
We're running out of time.
Daydream.
Who's hunting more for the other's gaze?
I'm the one who admits victory.
She who lives with us then it goes without saying.
Hunting, hunting.
And stomping as she runs up the stairs.
Another scene from my life.
An old friend lives in taxis.
It's in a taxi that he tells me he wants to cry but doesn't
cry.

Não esqueço mais.
E a última, eu já te contei?
É assim.
Estamos parados.
Você lê sem parar, eu ouço uma canção.
Agora estamos em movimento.
Atravessando a grande ponte olhando o grande rio e os três
barcos colados imóveis no meio.
Você anda um pouco na frente.
Penso que sou mais nova do que sou.
Bem nova.
Estamos deitados.
Você acorda correndo.
Sonhei outra vez com a mesma coisa.
Estamos pensando.
Na mesma ordem de coisas.
Não, não na mesma ordem de coisas.
É domingo de manhã (não é dia útil às três da tarde).
Quando a memória está útil.
Usa.
Agora é a sua vez.
Do you believe in love…?
Então está.
Não insisto mais.

I'll never forget it.
And the latest, have I told you?
That's how it goes.
We're stuck.
You read incessantly, I listen to a song.
Now we're moving.
Crossing the big bridge looking at the big river and the three
boats stuck together in the middle.
You walk a little ahead.
I think I'm younger than I am.
Really young.
We're lying down.
You wake in a hurry.
I dreamed again about the same thing.
We're thinking.
In the same order of things.
No, not in the same order of things.
It's Sunday morning (not a weekday at three in the afternoon).
When the memory is useful.
Use it.
Now it's your turn.
Do you believe in love...?
That's okay.
I won't insist anymore.

O tempo fecha.

Sou fiel aos acontecimentos biográficos.

Mais do que fiel, oh, tão presa! Esses mosquitos que não largam! Minhas saudades ensurdecidas por cigarras! O que faço aqui no campo declamando aos metros versos longos e sentidos? Ah que estou sentida e portuguesa, e agora não sou mais, veja, não sou mais severa e ríspida: agora sou profissional.

A storm closes in.

I'm faithful to the biographical facts.

More than faithful, oh, so trapped! These mosquitoes that won't let up! My longings deafened by cicadas! What am I doing here in the countryside reciting long, sensitive metrical verses? Ah it's because I'm sensitive and Portuguese, and now I'm not anymore, look, I'm not severe and harsh anymore: now I'm professional.

Segunda história rápida sobre a felicidade—descendo a colina ao escurecer—meu amor ficou longe, com seu ar de não ter dúvida, e dizia: meus pais... —não posso mais duvidar dos meus passinhos, neste sítio—agora você fala até mais baixo, delicada que eu reparo mais que os outros depois de um tempo fora—é como voltar e achar as crianças crescidas, e sentar na varanda para trocar pensamentos e memórias de um tempo que passou—mas quando eu fui (aquele dia no aeroporto) ainda havia ares de mistério—agora, é agora, descendo esta colina, sem nenhum, que eu conto então do amor distante, e não imito a minha nostalgia, mas a delicadeza, a sua, assim feliz.

Second quick story about happiness—going down the hill at twilight—my love was far away, with that air of never doubting, and was saying: my parents... — I can't doubt my little steps anymore, in this country place—now you speak even more softly, so gently that I notice more than the others, after some time away—it's like returning to find the children all grown, and sitting on the balcony to share thoughts and memories of a time that's passed—but when I left (that day at the airport) there was still an air of mystery—now, it's now, going down this hill, without any, that I finally tell about my distant love, and I don't imitate my nostalgia, but that gentleness, yours, happy like this.

Sete chaves

Vamos tomar chá das cinco e eu te conto minha grande história passional, que guardei a sete chaves, e meu coração bate incompassado entre gaufrettes. Conta mais essa história, me aconselhas como um marechal-do-ar fazendo alegoria. Estou tocada pelo fogo. Mais um roman à clé?
Eu nem respondo. Não sou dama nem mulher moderna.
Nem te conheço.
Então:
É daqui que eu tiro versos, desta festa—com arbítrio silencioso e origem que não confesso—como quem apaga seus pecados de seda, seus três monumentos pátrios, e passa o ponto e as luvas.

Lock and Key

Let's have afternoon tea and I'll tell you my big passionate story, which I've kept under lock and key, and my heart beats out of sync while we eat *gaufrettes*. Tell more of this story, you urge me like an ace pilot showing off. I'm touched by fire. Another *roman à clé*?
I don't even answer. I'm neither a lady nor a modern woman.
I don't even know you.
So:
It's from here that I take my lines, from this party—with silent judgment and a source I won't reveal—like someone who wipes away her sins of silk, her three national monuments, and is done with the whole business.

Inverno europeu

Daqui é mais difícil: país estrangeiro, onde o creme de leite é desconjuntu-rado e a subjetividade se parece com um roubo inicial. Recomendo cautela. Não sou personagem do seu livro e nem que você queira não me recorta no horizonte teórico da década passada. Os militantes sensuais passam a bola: depressão legítima ou charme diante das mulheres inquietas que só elas? Ma-nifesto: segura a bola; eu de conviva não digo nada e indiscretíssima descalço as luvas (no máximo), à direita de quem entra.

European Winter

From here it's more difficult: foreign country, where the cream doesn't set and subjectivity seems like a first robbery. I recommend caution. I'm not a character in your book and you can't cut me out of the past decade's theoretical horizon even if you wanted to. The sensual militants pass the ball: legitimate depression or charm in front of those women who are anxious like no one else? Manifesto: hold onto the ball; as a guest I say nothing and so very indiscreetly take off my gloves (at most), to the right of whoever comes in.

Noite carioca

Diálogo de surdos, não: amistoso no frio. Atravanco na
contramão. Suspiros no contrafluxo. Te apresento a mulher
mais discreta do mundo: essa que não tem nenhum segredo.

Carioca Night

Dialogue of the deaf, no: friendly in the cold. I go against traffic. Sighing against the flow. I present to you the most discreet woman in the world: the one who has no secrets.

Marfim

A moça desceu os degraus com o robe monogramado no peito: L. M. sobre o coração. Vamos iniciar outra Correspondência, ela propõe. Você já amou alguém verdadeiramente? Os limites do romance realista. Os caminhos do conhecer. A imitação da rosa. As aparências desenganam. Estou desenganada. Não reconheço você, que é tão quieta, nessa história. Liga amanhã outra vez sem falta. Não posso interromper o trabalho agora. Gente falando por todos os lados. Palavra que não mexe mais no barril de pólvora plantado sobre a torre de marfim.

Ivory

The young woman went down the steps in a robe monogrammed on the chest: L.M. over the heart. Let's start another Correspondence, she suggests. Have you ever truly loved someone? The limits of the realist novel. The paths of knowledge. The imitation of the rose. Appearances undeceive. I am undeceived. I don't recognize you, so quiet, in this story. Call again tomorrow no matter what. I can't interrupt my work right now. People talking everywhere. Promise you'll stop messing around with the powder keg planted on the ivory tower.

Mocidade independente

Pela primeira vez infringi a regra de ouro e voei pra cima sem medir as consequências. Por que recusamos ser proféticas? E que dialeto é esse para a pequena audiência de serão? Voei pra cima: é agora, coração, no carro em fogo pelos ares, sem uma graça atravessando o estado de São Paulo, de madrugada, por você, e furiosa: é agora, nesta contramão.

Independent Youth

For the first time I broke the golden rule and went on the attack without weighing the consequences. Why do we refuse to be prophetic? And what kind of dialect is this for a small literary gathering? I went on the attack: it's now, sweetheart, in a car going up in flames, crossing the state of São Paulo without grace, in the early dawn, because of you, and furious: it's now, against this traffic.

EXTERIOR. DIA. Trocando minha pura indiscrição pela tua história bem datada. Meus arroubos pela tua conjuntura. MAR, AZUL, CAVERNAS, CAMPOS E TROVÕES. Me encosto contra a mureta do bondinho e choro. Pego um táxi que atravessa vários túneis da cidade. Canto o motorista. Driblo a minha fé. Os jornais não convocam para a guerra. Torça, filho, torça, mesmo longe, na distância de quem ama e se sabe um traidor. Tome bitter no velho pub da esquina, mas pensando em mim entre um flash e outro de felicidade. Te amo estranha, esquiva, com outras cenas mixadas ao sabor do teu amor.

EXTERIOR. DAY. Exchanging my absolute indiscretion for your outdated story. My ecstasy for your situation. SEA, BLUE, CAVERNS, FIELDS AND THUNDER. I lean against the wall of the tram and cry. I catch a cab that goes through several city tunnels. I flirt with the driver. I dodge my faith. The newspapers don't call for war. Keep on hoping, my boy, keep hoping, even far away, from the distance of one who loves and knows he's a traitor. Go drink bitters at the old corner pub, but thinking of me from one flash of happiness to the next. My love for you is strange, elusive, mixed with other scenes to the taste of your love.

Cartilha da cura

As mulheres e as crianças são as primeiras que desistem de afundar navios.

Primer for a Cure

Women and children are the first to stop sinking ships.

Preciso voltar e olhar de novo aqueles dois quartos vazios.

I need to go back and take another look at those two empty rooms.

Conversa de senhoras

Não preciso nem casar
Tiro dele tudo que preciso
Não saio mais daqui
Duvido muito
Esse assunto de mulher já terminou
O gato comeu e regalou-se
Ele dança que nem um realejo
Escritor não existe mais
Mas também não precisa virar deus
Tem alguém na casa
Você acha que ele aguenta?
Sr. ternura está batendo
Eu não estava nem aí
Conchavando: eu faço a tréplica
Armadilha: louca pra saber
Ela é esquisita
Também você mente demais
Ele está me patrulhando
Para quem você vendeu seu tempo?
Não sei dizer: fiquei com o gauche
Não tem a menor lógica
Mas e o trampo?
Ele está bonzinho
Acho que é mentira
Não começa

Ladies' Talk

I don't even need to marry
I get all I need from him
I won't leave here anymore
I really doubt it
This subject of women has come to an end
The cat ate it and enjoyed himself
He dances just like a barrel organ
The writer no longer exists
But also doesn't have to become a god
Someone's at the house
Do you think he can stand it?
Mr. Tenderness is knocking
I couldn't care less
Conspiring: I answer back again
Trap: dying to know
She's strange
Also you lie too much
He's stalking me
Who did you sell your time to?
I don't really know: I slept with that klutz
It makes no sense at all
But what about the gig?
He's being a good boy
I think it's an act
Don't even start

Sumário

Summary

Polly Kellog and Osmar the driver.
Fast but intense dramas.
Freeze-frames of my conceptual heart.
In a navy blue strapless dress.
I take insults but with sincerity.
Sly with common sense.
Village gossip.
Savings artist.
Absolutely blind.
Lust for the maybe.
Limp wrist.
Mouth-watering.
Recording angel.

A história está completa: wide sargasso sea, azul azul que não me espanta, e canta como uma sereia de papel.

The story is complete: *wide sargasso sea*, blue blue that doesn't amaze me, and sings like a paper mermaid.

Sem você bem que sou lago, montanha.
Penso num homem chamado Herberto.
Me deito a fumar debaixo da janela.
Respiro com vertigem. Rolo no colchão.
E sem bravata, coração, aumento o preço

Without you I'm really a lake, a mountain.
I think of a man named Herberto.
I lie down and smoke under the window.
I breathe dizzily. Roll around on the mattress.
And without bravado, sweetheart, I raise the price

Atrás dos olhos das meninas sérias

Mas poderei dizer-vos que elas ousam? Ou vão, por injunções muito mais sérias, lustrar pecados que jamais repousam?

Behind the Eyes of Serious Girls

But should I tell you that they are daring? Or that they go, with far more serious orders, to polish sins that never rest?

Atrás dos olhos das meninas sérias

Aviso que vou virando um avião. Cigana do horário nobre do adultério. Separatista protestante. Melindrosa basca com fissura da verdade. Me entenda faz favor: minha franqueza era meu fraco, o primeiro sidecar anfíbio nos classificados de aluguel. No flanco do motor vinha um anjo encouraçado, Charlie's Angel rumando a toda para o Lagos, Seven year itch, mato sem cachorro. Pulo para fora (mas meu salto engancha no pedaço de pedal?), não me afogo mais, não abano o rabo nem rebolo sem gás de decolagem. Não olho para trás. Aviso e profetizo com minha bola de cristais que vê novela de verdade e meu manto azul dourado mais pesado do que o ar. Não olho para trás e sai da frente que essa é uma rasante: garras afiadas, e pernalta.

Behind the Eyes of Serious Girls

Warning: I'm turning into a jet plane. Gypsy of adultery's primetime. Protestant separatist. Basque flapper with a craving for truth. Understand me if you please: my frankness was my flaw, the first amphibious sidecar in the rental classifieds. On the side of the engine rode an armored angel, Charlie's Angel full speed ahead to Lagos, *Seven Year Itch*, up the creek without a paddle. I jump out (but does my heel snag on part of the pedal?), I'm no longer drowning, I don't wag my tail or shake my hips without fuel for takeoff. I don't look back. I warn and prophecy with my crystal ball that sees real soap operas and my golden blue cloak heavier than air. I don't look back so get out of my way 'cause this one's swooping in: sharp talons, and long legs.

Encontro de assombrar na catedral

Frente a frente, derramando enfim todas as palavras, dizemos,
com os olhos, do silêncio que não é mudez.
E não toma medo desta alta compadecida passional, desta
crueldade intensa de santa que te toma as duas mãos.

Haunting Encounter at the Cathedral

Face to face, finally spilling out all the words, we speak,
with our eyes, of the silence that isn't muteness.
And do not fear this highly merciful passionate woman, this
intense cruelty of a saint that takes you by both hands.

Este livro

Meu filho. Não é automatismo. Juro. É jazz do coração. É prosa que dá prêmio. Um tea for two total, tilintar de verdade que você seduz, charmeur volante, pela pista, a toda. Enfie a carapuça.
E cante.
Puro açúcar branco e blue.

This Book

My boy. It's not automatism. I swear. It's jazz from the heart. It's
prize-winning prose. A total *tea for two*, tinkling of truth
that you seduce, you roving *charmeur*, down the road, full speed ahead. If the
shoe fits.
And sing.
Pure sugar white and *blue*.

Duas antigas

I

Vamos fazer alguma coisa:
escreva cartas doces e azedas
Abre a boca, deusa
Aquela solenidade destransando leve
Linhas cruzando: as mulheres gostam
de provocação
Saboreando o privilégio
seu livro solta as folhas

Aí então ela percebeu que seu olho corria veloz pelo museu e só parava em três, desprezando como uma ignorante os outros grandes. E ficou feliz e muito certa com a volúpia da sua ignorância. Só e sempre procura essas frases soltas no seu livro que conta história que não pode ser contada.
Só tem caprichos
É mais e mais diária
—e não se perde no meio de tanta e tamanha companhia.

Two Old Ones

I

Let's do this:
write sweet and sour letters
Open your mouth, goddess
That solemnness gently uncoupling
Lines crossing: women are fond
of provocation
Savoring the privilege
pages fall out of your book
    So then she realized that her eyes were racing around the museum and
only resting on three, dismissing the other great ones like an ignorant girl. And she
felt happy and quite sure of her voluptuous ignorance. Alone and always searching
for those scattered phrases in her book that tells a story that can't be told.
She only has whims
Becoming more day-to-day
—and doesn't lose herself in all that vast and varied company.

II

Eu também, não resisto. Dans mon île, vendo a barca e as gaivotinhas passarem. Sua resposta vem de barca e passa por aqui, muito rara. Quando tenho insônia me lembro sempre de uma gaffe e de um anúncio do museu: "To see all these works together is an experience not to be missed". E eu nem nada. Fiz misérias nos caminhos do conhecer. Mas hoje estou doente de tanta estupidez porque espero ardentemente que alguma coisa... divina aconteça. F for fake. Os horóscopos também erram.

Me escreve mais, manda um postal do azul (eu não me espanto).

O lugar do passado? Na próxima te digo quem são os 3, mas os outros grandes... eu resisto.

Não fica aborrecida: beijo político lábios de cada amor que tenho.

II

Me too, I don't resist. *Dans mon île*, watching the boat and little seagulls pass by. Your answer arrives by boat and comes here, so rare. When I have insomnia I always remember a faux pas and a museum ad: *"To see all these works together is an experience not to be missed."* And I don't even care. I aced it in the paths of knowledge. But these days I'm sick from so much stupidity because I'm ardently waiting for something... divine to happen. *F for Fake.* Horoscopes make mistakes too.

Write to me more, send a postcard from the blue (I won't be surprised).

The place of the past? Next time I'll tell you who the 3 are, but the other great ones... I resist.

Don't get mad: political kiss on the lips for each love that I have.

Vacilo da vocação

Precisaria trabalhar—afundar—
—como você—saudades loucas—
nesta arte—ininterrupta—
de pintar—

A poesia não—telegráfica—ocasional—
me deixa sola—solta—
à mercê do impossível—
—do real.

Vacillation of Vocation

I would need to work—to sink—
—just like you—crazy longings—
in this art—uninterrupted—
of painting—

Poetry doesn't—telegraphic—occasional—
leave me solo—loose—
at the mercy of the impossible—
—of the real.

Minha boca também
está seca
deste ar seco do planalto
bebemos litros d'água
Brasília está tombada
iluminada como o mundo real
pouso a mão no teu peito
mapa de navegação
desta varanda
hoje sou eu que
estou te livrando
da verdade

My mouth is
also dry
from this dry air of the plains
we drink liters of water
Brasilia has fallen into place
illuminated like the real world
I lay my hand on your breast
navigational map
of this balcony
today I'm the one
who's setting you free
from the truth

te livrando:

castillo de alusiones
forest of mirrors

anjo
que extermina
a dor

setting you free:

castillo de alusiones
forest of mirrors

angel
that annihilates
pain

ela quis
queria me matar
quererá ainda, querida?

she loved
would have loved to kill me
will she still love to, my love?

é muito claro
amor
bateu
para ficar
nesta varanda descoberta
a anoitecer sobre a cidade
em construção
sobre a pequena constrição
no teu peito
angústia de felicidade
luzes de automóveis
riscando o tempo
canteiros de obras
em repouso
recuo súbito da trama

it's very clear
love
struck
to stay
on this balcony exposed
as night falls over the city
under construction
over the little constriction
in your chest
anguish of happiness
car headlights
crossing out time
building sites
at rest
sudden withdrawal from the plot

Quando entre nós só havia
uma carta certa
a correspondência
completa o trem
os trilhos
a janela aberta
uma certa paisagem
sem pedras ou
sobressaltos
meu salto alto
em equilíbrio
o copo d'água
a espera do café

When between us there was only
one letter that was certain
the correspondence
complete the train
the tracks
the window open
a certain landscape
without stones or
shocks
my stiletto heel
balanced
the glass of water
the waiting for coffee

Reaparecia abruptamente
como se nada tivesse acontecido
abria as cortinas com palpites
turbilhão de novidades
antena das últimas
tendências
força de leão
escancarava a porta preta
vento   remoinho
gargalhada no ar
meio   dia

Used to reappear suddenly
as if nothing had happened
used to open the curtains on a hunch
a flurry of news
tuned in to the latest
trends
strength of a lion
used to throw open the black door
gust   whirlwind
laughter in the air
mid   day

Cabeceira

Intratável.
Não quero mais pôr poemas no papel
nem dar a conhecer minha ternura.
Faço ar de dura,
muito sóbria e dura,
não pergunto
"da sombra daquele beijo
que farei?"
É inútil
ficar à escuta
ou manobrar a lupa
da adivinhação.
Dito isto
o livro de cabeceira cai no chão.
Tua mão que desliza
distraidamente?
sobre a minha mão

Bedside

Intractable.
I don't want to put poems on paper anymore
or let my tenderness show.
I act tough,
really sober and tough,
I don't ask
"what shall I do about
the shadow of that kiss?"
It's pointless
to go on listening
or maneuver the eyeglass
of divination.
That said
the bedside book falls to the ground.
Your hand that slides
distractedly?
over my hand

Aventura na casa atarracada

Movido contraditoriamente
por desejo e ironia
não disse mas soltou,
numa noite fria,
aparentemente desalmado:
—Te pego lá na esquina,
na palpitação da jugular,
com soro de verdade e meia,
bem na veia, e cimento armado
para o primeiro a andar.

Ao que ela teria contestado, não,
desconversado, na beira do andaime
ainda a descoberto: —Eu também,
preciso de alguém que só me ame.
Pura preguiça, não se movia nem um passo.
Bem se sabe que ali ela não presta.
E ficaram assim, por mais de hora,
a tomar chá, quase na borda,
olhos nos olhos, e quase testa a testa.

Adventure in the Stocky House

Moved in a contradictory way
by desire and irony
he didn't say but let slip,
on a cold night,
seemingly heartless:
"I'm going to get you on the corner,
in your throbbing jugular,
with a serum of truth-and-a-half,
straight to the vein, and hard cement
for the first one who walks away."

To which she'd objected, no,
changed the subject, on the ledge of the scaffold
not yet unveiled: "Me too,
I need someone who loves only me."
Sheer laziness, she didn't lift a finger.
Everyone knows she's no good over there.
And they stayed that way, for over an hour,
drinking tea, almost at the edge,
eye to eye, and almost forehead to forehead.

O homem público nº 1 (antologia)

Tarde aprendi
bom mesmo
é dar a alma como lavada.
Não há razão
para conservar
este fiapo de noite velha.
Que significa isso?
Há uma fita
que vai sendo cortada
deixando uma sombra
no papel.
Discursos detonam.
Não sou eu que estou ali
de roupa escura
sorrindo ou fingindo
ouvir.
No entanto
também escrevi coisas assim,
para pessoas que nem sei mais
quem são,
de uma doçura
venenosa
de tão funda.

Public Man #1 (Anthology)

I learned late
it's so good
to consider the soul clean.
There's no reason
to keep
this little thread of old night.
What does that mean?
There's a ribbon
that's being cut
leaving a shadow
on the paper.
Speeches detonate.
It's not me over there
in dark clothes
smiling or pretending
to hear.
Nevertheless
I also wrote those things to people,
I don't even know who they
are anymore,
with a venomous
sweetness
from the depths.

Pour mémoire

Não me toques
nesta lembrança.
Não perguntes a respeito
que viro mãe-leoa
ou pedra-lage lívida
ereta
na grama
muito bem-feita.
Estas são as faces da minha fúria.
Sob a janela molhada
passam guarda-chuvas
na horizontal,
como em Cherbourg,
mas não era este
o nome.
Saudade em pedaços,
estação de vidro.
Água.
As cartas
não mentem
jamais:
virá ver-te outra vez
um homem de outro continente.
Não me toques,
foi minha cortante resposta
sem palavras
que se digam
dentro do ouvido
num murmúrio.
E mais não quer saber
a outra, que sou eu,
do espelho em frente.
Ela instrui:
deixa a saudade em repouso
(em estação de águas)
tomando conta
desse objeto claro
e sem nome.

Pour Mémoire

Keep your hands off
this memory.
Don't bring it up
or I'll turn into a mother-lion
or pale stone slab
erect
on the well-tended
grass.
These are the facets of my fury.
Under the wet window
umbrellas pass by
horizontally,
as in Cherbourg,
but this wasn't
the name.
Longing in pieces,
glass station.
Water.
The cards
never
lie:
a man from another continent
will come to see you again.
Keep your hands off,
was my cutting reply
without words
that get said
into the ear
in a murmur.
And the other woman, who is me,
doesn't want to know anything else
from the mirror in front of her.
She instructs:
give your longing a rest
(take the waters)
looking after
this clear and
nameless object.

Sexta-feira da paixão

Alguns estão dormindo de tarde,
outros subiram para Petrópolis como meninos tristes.
Vou bater à porta do meu amigo,
que tem uma pequena mulher que sorri muito e fala pouco,
como uma japonesa.
Chego meio prosa, sombras no rosto.
Não tenho muitas palavras como pensei.
"Coisa ínfima, quero ficar perto de ti."
Te levo para a avenida Atlântica beber de tarde e digo:
está lindo, mas não sei ser engraçada.
"A crueldade é seu diadema…"
O meu embaraço te deseja, quem não vê?
Consolatriz cheia das vontades.
Caixa de areia com estrelas de papel.
Balanço, muito devagar.
Olhos desencontrados: e se eu te disser, te adoro,
      e te raptar não sei como dessa aflição de março,
      bem que aproveitando maus bocados para sair do
      esconderijo num relance?
Conheces a cabra-cega dos corações miseráveis?
Beware: esta compaixão é
é paixão.

Good Friday

Some are sleeping in the afternoon,
others went up to Petrópolis like sad boys.
I'm going to knock on my friend's door,
he has a little wife who smiles a lot and doesn't talk much,
like a Japanese woman.
I arrive full of swagger, shadow-faced.
I don't have as much to say as I thought.
"Tiny little thing, I want to stay close to you."
I take you to Avenida Atlântica to drink in the afternoon and say:
it's beautiful, but I don't know how to be funny.
"Cruelty is your diadem…"
My embarrassment wants you, isn't it obvious?
Consolatress full of these desires.
Sandbox with paper stars.
I swing, very slowly.
Eyes that don't meet: and if I tell you, I adore you,
        and steal you away somehow from this March despair,
        taking full advantage of bad times to rush out from
        this hiding place?
Do you know about the blind man's bluff of miserable hearts?
Beware: this compassion is
is passion.

Que desliza

Onde seus olhos estão
as lupas desistem.
O túnel corre, interminável
pouso negro sem quebra
de estações.
Os passageiros nada adivinham.
Deixam correr
Não ficam negros
Deslizam na borracha
carinho discreto
pelo cansaço
que apenas se recosta
contra a transparente
escuridão.

What Slides

Wherever your eyes are
the magnifiers give up.
The tunnel runs along, interminable
black landing unbroken
by stations.
The passengers don't suspect a thing.
They let it run
They don't turn black
They slide on the rubber
caress made discreet
by fatigue
that only reclines
against the transparent
darkness.

Samba-canção

Tantos poemas que perdi.
Tantos que ouvi, de graça,
pelo telefone—taí,
eu fiz tudo pra você gostar,
fui mulher vulgar,
meia-bruxa, meia-fera,
risinho modernista
arranhado na garganta,
malandra, bicha,
bem viada, vândala,
talvez maquiavélica,
e um dia emburrei-me,
vali-me de mesuras
(era uma estratégia),
fiz comércio, avara,
embora um pouco burra,
porque inteligente me punha
logo rubra, ou ao contrário, cara
pálida que desconhece
o próprio cor-de-rosa,
e tantas fiz, talvez
querendo a glória, a outra
cena à luz de spots,
talvez apenas teu carinho,
mas tantas, tantas fiz…

Samba Song

So many poems I've lost.
So many I've heard, for free,
on the phone—see,
I did everything for you to love me,
I was a vulgar woman,
half-witch, half-beast,
little modernist laughter
scratching at the throat,
hustler, faggot,
total dyke, vandal,
maybe Machiavellian,
then one day I got fed up,
I curtsied
(it was a strategy),
I made deals, greedy,
though kind of stupid,
because being smart left me
blushing, or the opposite, pale
face that doesn't know
its own rosiness,
and I made so many, maybe
hoping for glory, another
scene in the spotlight,
maybe just your caress,
but so many, I made so many…

Travelling

Tarde da noite recoloco a casa toda em seu lugar.
Guardo os papéis todos que sobraram.
Confirmo para mim a solidez dos cadeados.
Nunca mais te disse uma palavra.
Do alto da serra de Petrópolis,
com um chapéu de ponta e um regador,
Elizabeth reconfirmava, "Perder
é mais fácil que se pensa".
Rasgo os papéis todos que sobraram.
"Os seus olhos pecam, mas seu corpo
não", dizia o tradutor preciso, simultâneo,
e suas mãos é que tremiam. "É perigoso",
ria a Carolina perita no papel Kodak.
A câmera em rasante viajava.
A voz em off nas montanhas, inextinguível
fogo domado da paixão, a voz
do espelho dos meus olhos,
negando-se a todas as viagens,
e a voz rascante da velocidade,
de todas três bebi um pouco
sem notar
como quem procura um fio.
Nunca mais te disse
uma palavra, repito, preciso alto,
tarde da noite,
enquanto desalinho
sem luxo
sede
agulhadas
os pareceres que ouvi num dia interminável:
sem parecer mais com a luz ofuscante desse mesmo dia interminável.

Travelling

Late at night I put the whole house back in order.
I put away all the leftover papers.
I confirm for myself the locks are strong.
I never said another word to you.
From high in the Petrópolis mountains,
with a tall pointy hat and a watering can,
Elizabeth reconfirmed, "The art of losing
isn't hard to master."
I tear up all the leftover papers.
"Your eyes sin, but your body
doesn't," said the precise, simultaneous interpreter,
and his hands were trembling. "It's dangerous,"
laughed Carolina the Kodak paper expert.
The camera was flying low.
The voice-over in the mountains, inextinguishable
fire tamed by passion, the voice
from the mirror of my eyes,
depriving itself of all journeys,
and the rasping voice of speed,
of all three I drank a little
without noticing
like someone searching for a thread.
I never said
another word to you, I repeat, precise and loud,
late at night,
while I disarrange
without luxury
thirst
needlings
the assessments that I heard on an endless day:
no longer resembling the blinding light of that same endless day.

Lá fora

há um amor
que entra de férias.
Há um embaçamento
de minhas agulhas
nítidas diante
dessa boa bisca
de mulher.
Há um placar
visível em altas horas,
pela persiana deste hotel,
fatal, que diz: fiado,
só depois de amanhã
e olhe lá,
onde a minha lâmina
cortante,
sofrendo de súbita
cegueira noturna,
pendura a conta
e não corta mais,
suspendendo seu pêndulo
de Nietzsche ou Poe
por um nada que pisca
e tira folga e sai
afiado para a rua
como um ato falho
deixando as chaves
soltas
em cima do balcão.

Out There

there's a love
that goes on vacation.
There's a blurring
of my brilliant needles
in front of
that total bitch
of a woman.
There's a billboard
visible in the wee hours,
through the blinds of this hotel,
fatal, that says: on credit,
only after tomorrow
if even that,
where my cutting
blade,
suffering a sudden
night blindness,
extends the credit
and no longer cuts,
suspending its pendulum
of Nietzsche or Poe
from a nothing that blinks
and takes a break and goes out
to the street sharpened
like a verbal slip
leaving the keys
out
on top of the counter.

Volta e meia vasculho esta sacola preta à cata de um três por quatro.
Exatamente o meu peito está superlotado.
Os ditos dele zumbem por detrás.
Na batida dou com figuras de outras dimensões.
Nesta hora grave a mais peituda, estirada no sofá,
encara fixamente a mulher da máquina.
(Junto a lista lacônica das férias: mudança,
aborto, briga rápida com A, tensão dramática
em SP, carta para B—pura negação—,
afasia com H, tarde sentida no Castelo).
Fotografar era pescar na margem relvada do rio.
Rigidez aguardando um clique. Um still.
Que morresse pela boca.
Nesta volta e meia vira e mexe acabo achando ouro na sacola.
Fabulosas iscas do futuro.
Helicóptero sobrevoando baixo o hospital do câncer.
Sorriso gabola da turma de 71.
Papai, mamãe, a linha do horizonte.
Concorde. Bonde do desejo. Espaçonave.
Hoje mesmo quando olhei para o rosto exausto de Angelita.
Desde que o Sombra me falou de amor.

Now and then I dig through this black bag hunting for a passport photo.
It's just that my chest is overcrowded.
His phrases buzz from behind.
While rummaging around I come across figures with different dimensions.
In this grave hour the big-chested woman, sprawled on the sofa,
stares boldly at the woman with the camera.
(I make the laconic holiday list: move,
abortion, brief fight with A, dramatic tension
in SP, letter to B—sheer denial—,
aphasia with H, sentimental afternoon in Castelo.)
To photograph was to fish on the grassy bank of the river.
Stiffness waiting for a click. A still.
That could die from saying too much.
This time around every now and then I wind up finding gold in that bag.
Fabulous bait of the future.
Helicopter flying low over the cancer hospital.
Cocky smile from the class of '71.
Daddy, Mommy, the line of the horizon.
Concorde. Streetcar of desire. Spaceship.
Just today when I looked at Angelita's exhausted face.
Ever since the Shadow spoke to me of love.

Queria falar da morte
e sua juventude me afagava.
Uma estabanada, alvíssima,
um palito. Entre dentes
não maldizia a distração
elétrica, beleza ossuda
al mare. Afogava-me.

I wanted to speak of death
and your youth caressed me.
A careless woman, purest white,
a toothpick. Through clenched teeth
I didn't curse the electric
distraction, bony beauty
al mare. It was drowning me.

Sábado de aleluia

Escuta, Judas.
Antes que você parta pro teu baile.
A morte nos absorve inteiramente.
Tudo é aconchego árido.
Cheiro eterno de Proderm.
Mesa posta, e as garras da vontade.
A gana de procurar um por um
e pronunciar o escândalo.
Falar sem ser ouvida.
Desfraldar pendengas: te desejo.
Indiferença fanática ao ainda não.

Holy Saturday

Listen, Judas.
Before you go off to your party.
Death absorbs us entirely.
Everything is arid comfort.
Eternal odor of Proderm.
A set table, and the claws of desire.
The hunger to search one by one
and declare a scandal.
To speak without being heard.
Roll out the brawling: I want you.
Fanatical indifference to the not yet.

Desde que voltei tenho sobressaltos
ao ouvir tua voz ao telefone.
Incertas. Às vezes me despeço com brutalidade.
Chego a parecer ingrata.
Não, Pedro, não quero mais brincar de puta.
Imagino outra coisa; que cochilo, e Luz me cobre
com seu peso-pluma.
Consulto o boy da casa sobre a hora e o minuto do próximo
traslado.
Circulo sob o lustre do saguão. Espera ardente,
transistor, polaroide,
passaporte verde, o céu azul. Deixo as chaves do 1114 soltas
no balcão. Desço para o parque. Pego a China em ondas
curtas, pego o pó com medo, bato o filme até o fim
procurado desde a hora em que ela pôs os pés no sul.
Ou não era suicídio sobre a relva.
Eram brincos caídos
e um anel de jade que selasse numa dura castidade
minha fúria de batalha
que viaja e volta.
Desperto e vejo quatro estrelas
pela escotilha do comando.
Quase encosto no peito do piloto.

Ever since I came back I jump
when I hear your voice on the phone.
Uncertain. At times I say a brutal goodbye.
I even seem ungrateful.
No, Pedro, I no longer want to play the whore.
I imagine something else; that I take a nap, and Luz lies down on me
with her featherweight.
I ask the houseboy about the hour and minute of the next
shuttle.
I circle under the lobby chandelier. Ardent waiting,
transistor radio, Polaroid,
green passport, the blue sky. I leave the keys to 1114 out
on the counter. I go down to the park. I pick up China on
the shortwave, I get the powder, afraid, I shoot the film to the end
I've been wanting since the moment she set foot in the south.
Or it wasn't suicide on the lawn.
It was fallen earrings
and a jade ring that would seal, in a hard chastity
my fury for battle
that comes and goes.
I wake and see four stars
through the cockpit hatch.
I almost lean on the pilot's chest.

Tudo que eu nunca te disse, dentro destas margens.
A curriola consolava.
O assunto era sempre outro.
Os espiões não informavam direito.
A intimidade era teatro.
O tom de voz subtraía um número.
As cartas, quando chegavam, certos silêncios, nunca mais.
Excesso de atenção varrido para baixo do capacho.
Risco a lápis sobre o débito. Vermelho.
Agora chega. Hoje, aqui, de repente, de propósito, de batom,
leio: "Contas novas", em letras plásticas.
Três variações de assinatura.
Três dias para o livro de cheques desta agência.
Demito o agente e o atravessador.
Felicidade se chama meios de transporte.
Saída do cinema hipnótico. Ascensão e queda e ascensão e queda
deste império mas vou abrir um lacre.
Antes disso, um sus: pousa aqui. Ouve: "Como em turvas águas de
enchente…"
É lá fora. Espera.

Everything I never told you, inside these margins.
The gang was consoling.
The subject was always something else.
The spies weren't being forthcoming.
The intimacy was all for show.
The tone of voice subtracted a number.
The letters, when they'd arrive, certain silences, never again.
Excess of attention swept under the doormat.
I cross out the debit with a pencil. Red.
That's enough. Today, here, suddenly, on purpose, wearing lipstick,
I read, "New Bills," in plastic letters.
Three styles of signature.
Three days for the checkbook from this bank.
I fire the agent and the middleman.
Happiness is called modes of transport.
Exit from the hypnotic cinema. Rise and fall and rise and fall
of this empire but I'm going to break a seal.
Before that, a hey: rest here. Listen: "As in troubled waters in
the flood…"
It's out there. Wait.

Fogo do final

Escrevendo no automóvel.
Pedra sobre pedra: você estava para chegar.
Numa providência, me desapaixonei, num risco, numa frase:
Não adiantam nem mesmo os bilhetes profanos pela grande
imprensa.
Saudades do rigor de Catarina, impecável riscando o chão da sala.
Ancorada no carro em fogo pela capital: sightseeing no viaduto
para a Liberdade. Caio chutando pedrinhas na calçada, damos
adeus passando a mil, dirijo em círculo pelo maior passeio
público do mundo, nos perdemos—exclamo num achado—,
é tardíssimo, um deserto industrial com perigosas bocas
imperguntáveis.
Não precisa responder.
Envelopes de jasmim.
Amizade nova com o carteiro do Brasil.
Cartões-postais escolhidos dedo a dedo.
No verso: atenção, estás falando para mim, sou eu que estou
aqui, deste lado, como um marinheiro na ponta escura do cais.
É para você que escrevo, hipócrita.
Para você—sou eu que te seguro os ombros e grito verdades
nos ouvidos, no último momento.
Me jogo aos teus pés inteiramente grata.
Bofetada de estalo—decolagem lancinante—baque de fuzil. É só para você y
que letra tán hermosa. Pratos limpos atirados para o ar. Circo instantâneo, pano
rápido mas exato descendo sobre a tua cabeleira de um só golpe, e o teu espanto!
Não tenho pressa.
Neste lago um vapor, neste lago.
Por enquanto não tem luz de lado amenizando a noite; nem um abajur.
Uma sentinela: ilha de terrível sede.
Hoje não estou me dando com as mulheres, ele responde, enfurecido, e bate o
telefone num tropel.
As mulheres pedem: vem cá, te trato, faço um chá, mas nada, ele não vai mais à
casa de ninguém e faz récita sozinho, como se não fosse com ninguém.
Meu velho:
Antes te dava chás de cadeira alternados com telefonemas de consultas: que faço
com a mulher que mente tanto e me calunia pelas costas, ou o homem que pede
que eu apenas faça sala para o seu silêncio?

Final Fire

Writing in the automobile.
Stone by stone: you were about to arrive.
In a stroke of luck, I fell out of love, in the scratch of a pen, in a phrase:
Not even profane notes from the mainstream press can make a
difference.
Longing for Catarina's rigor, impeccable while scratching the living room floor.
Anchored in the blazing car driving around the capital: sightseeing from the overpass
to Liberdade. Caio kicking little rocks on the sidewalk, we wave goodbye
speeding along, I drive in circles through the world's largest public
park, we get lost—I shout at a discovery—
it's so late, an industrial desert with dangerous unquestionable
mouths.
No need to respond.
Envelopes of jasmine.
Newfound friendship with the postman from Brazil.
Postcards chosen one by one.
On the back: watch out, you're talking to me, I'm the one who's
here, on this side, like a sailor on the dark end of the docks.
It's to you that I write, hypocrite.
To you—I'm the one who grabs you by the shoulders and screams truths
in your ears, at the last moment.
I throw myself at your feet completely grateful.
A loud slap—excruciating lift off—rifle blow. It's just for you *y que letra tán her-
mosa*. Clean plates tossed in the air. Instantaneous circus, the curtain falling quickly
yet precisely onto your hair in a single stroke, and your shock!
I'm in no hurry.
On this lake a steamboat, on this lake.
For now there's no light from the side softening the night; not even a lamp.
A sentinel: island of terrible thirst.
Today I'm not getting along with women, he answers, furious, and slams down the
phone in a fit.
The women ask: come over, my treat, I'll make some tea, but it's no use, he doesn't go to
anyone's house anymore and recites all by himself, as if it didn't have to do with anyone.
Old friend:
I used to keep you waiting forever between phone calls for advice: what do I do with
the woman who lies so much and talks behind my back, or the man who asks me
just to sit there entertaining his silence?

O chá abria, mas eu queria uma quiromancia, um olho clínico, mundano, viajado, uma resposta aguda, uma pancada no miolo. Quem sabe uma corrida por fora da tabela, meio em zigue-zague, motorista de perícia desvairada. Comprou carteira no Detran? E suicidaram-se os operários de Babel. Isso foi antes. Agora irretocável prefiro ficar fora, só na capa do seu livro.

Este é o jasmim.

Você de morte.

Não posso mais mentir. Corto meu jejum com dedos de prosa ao telefone, meu próprio fanatismo em ascensão: "O silêncio, o exílio, e a astúcia"?

Engato a quarta ao som de Revolution.

Descontinuidade. Iluminações no calçadão.

Ultimamente deu pra me turvar a vista.

Alerta não sou mais a mesma,

vertigem das alturas.

Você está errado: não é o romance da longa vida que começa. Não foi nossa razão que deu com os burros n'água. Nem o frio na espinha dentro do ar engarrafado no aterro do Flamengo. Rush. Não foi a pressa. O estabanamento na escada em espiral. O livro que falta na estante e no entanto deveria ficar lá onde está. A amizade recente com o carteiro do Brasil, que entra vila adentro e bate na janela e me entrega o envelope pelo nome. Os grunhidos do ciúme. Minhas escapadas pelo grande mundo, suas retiradas para dentro da sólida mansão. Não foi nada disso. Então o quê?

26 de março.

Preciso começar de novo o caderno terapêutico.

Não é como o fogo do final. Um caderno terapêutico é outra história. É deslavada. Sem luvas. Meio bruta. É um papel que desistiu de dar recados. Uma imitação da lavanderia com suas máquinas a seco e suas prensas a vapor. Um relatório do instituto nacional do comércio, ríspido mas ditoso, inconfessadamente ditoso. Nele eu sou eu e você é você mesmo. Todos nós. Digo tudo com ais à vontade. E recolho os restos das conversas, ambulância. Trottoir na casa. Umas tantas cismas. O terapêutico não se faz de inocente ou rogado. Responde e passa as chaves. Metálico, estala na boca, sem cascata.

E de novo.

The tea leaves opened up, but I wanted a palm reading, a clinical eye, worldly, well-traveled, a keen answer, a smack on the brain. Who knows, a cab ride with the meter off, sort of zigzagging, a deliriously expert driver.

Did you buy your license at the Department of Transportation? And the workers of Babel committed suicide. That was before. Now flawless I prefer to stay on the outside, only on the cover of your book.

This is jasmine.

You in death.

I can't lie anymore. I break my fast with small talk on the phone, my own fanaticism on the rise: "Silence, exile, and cunning?"

I shift into fourth to the sound of Revolution.

Discontinuity. Illuminations on the boardwalk.

Lately my vision's been getting blurry.

Alert, I'm no longer the same,

vertigo at heights.

You're wrong: it's not the romance of a lifetime that's starting. It wasn't our reasoning that hit a wall. Nor the cold in the spine inside the congested air on the Flamengo parkway. Rush. It wasn't in a hurry. The carelessness on the spiral stairs. The book that's missing from the shelf and yet should stay where it is. The recent friendship with the postman from Brazil, who comes into the courtyard and knocks on the window and personally hands me the envelope. The grunts of jealousy. My escapades around the wide world, your retreats into the solid mansion. It wasn't any of that. So what was it then?

March 26.

I nced to start the therapeutic notebook again.

It's not like the final fire. A therapeutic notebook is another story. It's brazen. No gloves. Sort of crude. It's a paper that stopped sending messages. An imitation laundry with its dryers and steam presses. A report from the national institute of commerce, harsh but pleased, unadmittedly pleased. In it I am I and you are really you. All of us. I say it all with plenty of sighing. And I gather up the scraps of conversations, ambulance. *Trottoir* in the house. A number of suspicions. The therapeutic one doesn't play innocent or hard to get. Just answers and hands over the keys. Metallic, popping in the mouth, no fast-talk. And over again.

Índice onomástico

Dedicatória

E este é para o Armando.

Onomastic Index

Alvim, Francisco
Augusto, Eudoro
Bandeira, Manuel
Bishop, Elizabeth
Buarque, Helô
Carneiro, Angela
Dickinson, Emily
Drabik, Grażyna
Drummond, Carlos
Freitas Filho, Armando
Holiday, Billie
Joyce, James
Kleinman, Mary
Mansfield, Katherine
Meireles, Cecília
Melim, Angela
Mendes, Murilo
Muricy, Katia
Paz, Octavio
Pedrosa, Vera
Rhys, Jean
Stein, Gertrude
Whitman, Walt

Dedication

And this is for Armando.

Acknowledgments

The translators would like to the thank the editors of the following publications in which several of these poems previously appeared, sometimes in different forms: *Asymptote, Colorado Review, Interim, Taos Journal of Poetry and Art,* and *Two Lines.*

Notes

Ana Cristina Cesar's poetry is extremely idiosyncratic in form, veering between free verse and the running lines of prose poetry, sometimes alternating within the same poem without stanza breaks. The formatting and lineation in this collection are based on the most recent volume of Ana Cristina Cesar's collected poetry, *Poética* (Companhia das Letras, São Paulo, 2013).

Its editors went to great lengths to establish the most accurate text possible, comparing the first edition (Brasiliense, São Paulo, 1982) with handwritten and typed manuscripts from Cesar's archive at the Instituto Moreira Salles in Rio de Janeiro. Thus, following this newly established edition, we have used justified text to denote whole paragraphs set as prose.

Cesar sometimes wrote phrases in languages other than Portuguese, such as English, French, and Spanish, and we have left those in the original languages, indicated by italics.

Cesar's use of idiomatic expressions made for lively discussions as we sorted through our options. At times we found that what sounded like idioms were inventions and private references. We did our best to find English equivalents. Ana C.'s poetry is also full of overt and covert citations. What follows are notes on selected phrases and references, though it is by no means a complete list.

Lock and Key, p.11

The phrase "*um marechal-do-ar fazendo alegoria*" turned out to be a less-than-straightforward figure of speech. Though a literal translation might be "an air force general making allegories," the phrase "an ace pilot showing off" captured the overall spirit. Cesar composed the poem while having afternoon tea at Rio's Confeitaria Colombo with her close friend, the poet Armando Freitas Filho, who affirms that he is indeed this "ace pilot."

"*Passar o ponto e as luvas*" literally means to sell one's shop and the permission to maintain the same kind of business there. Here, Cesar uses it idiomatically: "is done with the whole business." What's lost in translation is the literal term "*luvas*" or "gloves," an image that recurs throughout Cesar's poetry, but whose primary meaning here is the extra fee charged for passing on a business in a particular locale so as to keep the same customers.

Ivory, p. 17

"The imitation of the rose" may refer to the 1960 story, "The Imitation of the Rose," by Clarice Lispector.

Independent Youth, p. 19
Mocidade Independente (Independent Youth) is also the name of a samba school in Rio de Janeiro.

[Without you I'm a lake, a mountain] p. 33
The phrase "*lago, montanha*" ("a lake, a mountain") echoes the title of the poetry collection *Lago, montanha* by Francisco Alvim, published in 1981, one year prior to *At Your Feet*. Alvim was Cesar's friend and fellow member of the *Poesia Marginal* (Outsider Poetry) movement.

Behind the Eyes of Serious Girls, p. 37
"Charlie's Angel" likely refers not only to the late-1970s American television series but also to the 1969 Brazilian hit song "Charles, Anjo 45" ("Charles, Angel 45") by Jorge Ben, about an "angel with a .45," a criminal he describes as a "Robin Hood of the favelas."

Two Old Ones, II, p. 45
"*Dans mon île*" is a 1958 proto-bossa-nova song by French Caribbean musician Henri Salvador that Brazilian artist Caetano Veloso covered on his 1981 album *Outras palavras*.

 "I'm waiting for something… divine to happen," is a line from Katherine Mansfield's 1918 short story "Bliss," which Cesar translated into Portuguese and annotated as her 1980 thesis for a Master of Arts in Theory and Practice of Literary Translation at the University of Essex in England.

 F for Fake (1975) is the last feature film completed by Orson Welles.

Samba Song, p. 73
"I did everything for you to love me" is from a Carnival song known as "Taí (Pra Você Gostar de Mim)" by Joubert de Carvalho and made popular in 1930 by Carmen Miranda in an arrangement by the great composer Pixinguinha. Cesar leaves off the "me" at the end of the line but most Brazilians would know it comes next.

Travelling, p. 75
North American poet Elizabeth Bishop lived in the Petrópolis mountains north of Rio de Janeiro from late 1951 through 1967 with her companion Lota de Macedo Soares. Cesar alludes to the line, "The art of losing isn't hard to master," from Bishop's well-known poem "One Art," first published in 1976.

Final Fire, p. 89
"Caio" likely refers to Brazilian writer Caio Fernando Abreu, whom Cesar met the same year this collection was published. The two fell into an intense

friendship marked by frequent phone calls and letters. Abreu wrote the jacket copy for the first edition of *At Your Feet*, describing Cesar as "fascinated by letters, intimate diaries or what she called 'therapeutic notebooks,'" which she mentions in this poem.

"Silence, exile, and cunning," is a quote from James Joyce's *Portrait of an Artist as a Young Man*.

Free Verse Editions

Edited by Jon Thompson

About the Editor and Translators

Katrina Dodson (b. 1979) is a writer and translator based between San Francisco and New York. Her translation of the *Complete Stories* by Clarice Lispector won the 2016 PEN Translation Prize, among other awards. Dodson holds a PhD in Comparative Literature from the University of California, Berkeley.

Brenda Hillman (b. 1951) is a poet, educator, editor and activist; she is the author of ten collections of poetry with Wesleyan University Press, most recently *Seasonal Works with Letters on Fire* (2013), which received the Griffin International Poetry Prize, and *Extra Hidden Life, Among the Days*, forthcoming in 2018. Hillman serves as the Filippi Professor of Poetry at St. Mary's College of California.

Helen Hillman was born in 1924 São Paulo, Brazil, and came to the United States in the 1940s, where she lived and worked in Tucson, Arizona as a homemaker, gardener and translator. Her co-translations of Ana Cristina Cesar's *At Your Feet* will be her first published book. She is a mother, grandmother and great-grandmother, and currently lives in Princeton, New Jersey.

Sebastião Edson Macedo is a Brazilian poet and scholar (b. 1974), author of three collections of poetry. He has collaborated with literary magazines in Brazil, translating Allen Ginsberg, Lee Harwood, Yehuda Amichai, Konstantino Kavafi, Alejandro Crotto, among others. Macedo holds a PhD in Brazilian literature from the University of California, Berkeley.

www.ingramcontent.com/pod-product-compliance
Lightning Source LLC
Chambersburg PA
CBHW022034090426
42741CB00007B/1055